INGA BORG
PLUPP
entdeckt das Meer

Aus dem Schwedischen übersetzt
von Ilse Meyer-Lüne

URACHHAUS

All den Lesern, die Plupp noch nicht kennen, können wir erzählen, daß er ein winzig kleines Wesen ist, das hoch oben in Lapplands Bergen wohnt. Plupp ist schwer zu entdecken. Sein Haar ist blau wie das Blau der Berge. Sein Halstuch leuchtet gelb, wie die Birken, wenn sie im Herbst rot und golden leuchten. Er ist von den Winden der Berge zerzaust, und seine Nase ist von der frischen Winterkälte gerötet.

Alle Tiere sind Plupps Freunde, mit denen er sich unterhält. Wenn er spricht, tönt es wie: plupp, plupp, plupp ... Aber das bedeutet allerlei. Ich werde übersetzen, was Plupp und die Tiere sagen, damit ihr es versteht.

Die Reise beginnt

Hej – plupp, plupp, plupp . . .
Ich bin der Plupp, der oben im Norden zwischen hohen Bergen wohnt. Hier habe ich meinen Bau, eine kleine Torfkate an dem großen See, der Blauwasser heißt.
Meistens bin ich zu Hause in meiner Hütte. Aber jeden Frühling überfällt mich die Wanderlust! Es ist immer das Gleiche: Wenn ich spüre, daß die Luft nach Frühling riecht, muß ich hinaus und wandern!
An einem herrlichen Frühlingsmorgen stand ich draußen und schaute zu dem hohen Berg, dem Storfjäll, auf. Und plötzlich entschloß ich mich, dort hinauf zu steigen – bis auf den allerhöchsten Gipfel!

Auf dem Weg nach dem Storfjäll begleiteten mich meine Freunde, das Hermelin und der Lemming. Das Hermelin war neugierig und wollte sehen, wohin ich ginge. Der Lemming sagte, auch über ihn sei die Wanderlust gekommen.

Endlich waren wir auf dem allerhöchsten Gipfel des Berges. Hier gab es nur Schnee und Eis und Steine. Aber die Sonne leuchtete warm und schön, und das Eis schmolz. Es tropfte und plätscherte überall.

Plötzlich hörte man einen schönen Gesang: Tirili, tirili, tirili...

Wer sang denn in dieser Einöde? Ja – natürlich die Schneeammer!

«Tirili, Plupp! Ist es nicht schön, wenn die Sonne so leuchtet?»

«Doch, plupp, plupp – aber huh, wie naß meine Füße werden!»

«Oh, tirili! Wüßtest du nur, wie viel Wasser es gibt, wenn der Schnee schmilzt! Hier oben beginnt es zu schmelzen, hier auf dem Dach der Welt. Und dann rinnt das Wasser den ganzen Weg hinunter bis auf den Boden der Welt – das ist das Meer! Und dann wird das Meer voll!»

«Wie du redest! So weit kann dieses Wasser doch nicht fließen!»

«Wenn du mir nicht glaubst, kannst du dem rinnenden Wasser folgen, dann wirst du es sehen. Gib nur unterwegs nicht auf! Das Wasser fließt immer weiter, bis ins Meer hinab!»

Ich entschloß mich auf der Stelle. Ich wollte dem rinnenden Wasser folgen – obwohl ich nicht recht daran glaubte, was diese Schneeammer vom Meer zwitscherte.

«Tjitt – titt, was für eine närrische Idee! Aber ich möchte gern sehen, wo das Wasser bleibt», sagte das Hermelin und hüpfte mit.

«Esche – tesche, ich auch! Aber was ist denn das Meer?» piepte der Lemming.

«Das werden wir ja sehen! Wir brauchen nur dem rinnenden Wasser zu folgen. Mit diesem Schmelzwasser... beginnen wir.»

Alle kleinen, rieselnden Schmelzwasserrinnen vereinten sich bald zu einem Bächlein, das vom Berggipfel hinunter floß. Es plätscherte und schäumte weiß zwischen den Steinen, als es über all die Felsen den Berg hinunter stürzte.

«Tjitt – titt – sieh, da sitzt ja die Schnee-Eule!»

Fast wären wir an ihr vorbeigelaufen, ohne sie zu sehen, denn sie war ebenso weiß wie der Schnee ringsum.

«Hu, hu, warum hast du es heute so eilig, Plupp?»

«Oh, guten Tag! Ja, wir wollen dem rinnenden Wasser folgen. Den ganzen Weg – bis zum Meer hinunter!»

«Hu, hu, hi, hi, was seid ihr für Narren! Nach dem Meer kommt ihr nicht. Wenn ihr aber talwärts geht, könnt ihr alle meine Verwandten unten in den Wäldern grüßen. Eulen gibt es überall!»

Gewiß, das wollten wir gerne tun, versprachen wir ihr. Der Lemming versteckte sich hinter mir und wagte nicht, frei herumzulaufen, bis wir außer Sichtweite der Eule waren.

«Esche – tesche, täää, ich glaube, sie wollte micht auffressen! Hu, sie sagte, daß es überall Eulen gäbe.»

«Plupp, plupp, sei nur ganz unbesorgt! Keiner wird dich auffressen, wenn ich bei dir bin, das weißt du doch.»

«Tjitt, nein, das wagt keiner! Aber beeilt euch und kommt. Der Bach fließt ganz schnell in den Birkenwald hinunter!» Der Bach rieselte und plätscherte, es klang wie die fröhlichste Frühlingsmusik. Die Zwergbirken hatten kleine Knospen, und auf den großen schneefreien Flecken fanden wir viel Gutes zu essen.

Der Bach wurde immer größer und tiefer. Er schlängelte sich bald hierhin, bald dorthin. Bisweilen verschwand er völlig in einem Gewirr von Gestrüpp und Büschen.

«Oh, wo ist der Bach geblieben, plupp, plupp? Hier sind ja nur lauter Weidenbüsche – Grauweiden, Wollweiden, Grünweiden, Schneeweiden und wie sie alle heißen. Wir dürfen das Wasser nicht aus den Augen verlieren!»
«Esche – tesche, tää, ich sehe es», ließ sich der Lemming hören.
«Tjitt – sieh nur, was für schöne Verstecke! Hier läßt es sich gut schleichen», sagte das Hermelin, gerade als ein Schneehuhn aufflog.
«Garr, garr, hier stört ihr nur! Geht doch vorsichtig! Neben euch liegt ein Wassertreter auf seinen Eiern. Außerdem haben hier viele ihre Nester!»
«Kriiep, krii, was rührt sich da unten? Kriii . . .»
Eine Raubmöwe flog über uns hin und äugte nach etwas Eßbarem. Der Lemming verschwand blitzschnell unter den Weidenbüschen.
Aber eines Tages hörte das Weidengebüsch auf, und unser Bach floß in einen See. Wir standen am Ufer und sahen, wie sich die Berge rings in dem glänzenden Wasser des Bergsees spiegelten.

«Tjitt, sieh, hier hört das Wasser auf zu rinnen! Was sollen wir jetzt tun, Plupp?» fragte das Hermelin.
«Esche – tesche – denk, daß wir jetzt am Meer sind», sagte der Lemming.
«O nein, plupp, plupp, durchaus nicht! Dies ist ja das Blauwasser, und dort drüben liegt meine Hütte. Ich weiß, daß an der anderen Seite des Sees ein Bach fließt. Wir müssen nur über den See gelangen und dann weiter dem rinnenden Wasser folgen – ihr werdet ja sehen!»

Aber zuerst gingen wir heim in meine Hütte.
Ich räumte etwas auf, denn ich nahm an, daß ich vielleicht den ganzen Sommer über fortbleiben würde.
«Oh, plupp, plupp, puh! Die Frühlingssonne ist wirklich warm. Es ist an der Zeit, den Winterpelz abzulegen.»
«Tjitt, titt, ja, sieh, ich habe wahrhaftig schon braune Sommerhaare in meinem weißen Winterpelz», sagte das Hermelin.
«Esche – tesche – denkt nur – wie sollen wir denn über das Meer, ich meine, über den See kommen?» fragte der Lemming.
«Natürlich werden wir mit dem Floß fahren! Das haben wir ja schon früher getan. Du wirst sehen, wie gut das geht», sagte ich beruhigend zum Lemming, während ich meine Hütte verschloß.
Bald darauf schoben wir mein Floß auf den See.

An Stromschnellen und Wasserfällen entlang

Als wir an Bord des Floßes gingen und vom Land abstießen, hatten wir das Gefühl, daß wir nun eine lange Reise begännen. Ich wandte mich um, sah meine kleine Hütte langsam verschwinden und dachte, es würde wohl lange dauern, bis ich sie wiedersähe.
Wir paddelten auf den See hinaus, und der Frühlingswind verhalf uns zu schnellerer Fahrt. Irgendwo auf der andern Seite des Sees sollte es einen Fluß geben, der ihm entströmte. Das wußte ich. Und dorthin steuerte ich unser Floß.
Es ging fein, und wir fanden den Fluß.

Er war breit und tief und schlängelte sich langsam durch ein Tal, das auf beiden Seiten von Bergen umgeben war. Kleine Bäche kamen von den Berghängen herunter und machten den Fluß noch breiter.
«Plupp, plupp, seht ihr jetzt, wie schön es geht? Das Floß treibt in richtigem Tempo weiter, und wir können hier sitzen und die Aussicht genießen. Ich brauche nur etwas mit dem Paddel zu steuern.»
«Tjitt, titt, sieh, ich finde, daß wir jetzt schneller dahintreiben. Du, Plupp – man hört etwas!»
«Esche-tesche, täää – Klingt es nicht wie Wasserrauschen?»
«Ja, plupp, plupp ...»
Ehe ich Zeit fand, etwas in der Sache zu unternehmen, schien das Wasser unser Floß zu erfassen, und wir sausten vorwärts ...

«Tjii, tii, sieh, Plupp! Das Wasser verschwindet da vor uns!»
«Oh! Plupp, plupp! Haltet euch fest!»
«Iiii, täää, Hilfe, Hilfe!»
Durch das brausende Wasser stürzten wir hinunter.
Das Floß überschlug sich und ging in Stücke.
Und wir wirbelten in den Stromschnellen herum.
Alles war ein Wassergebraus...
Platsch... Krach... Platsch!

Es gelang uns, an Land zu krabbeln, aber – o weh! – wie naß wir waren!
«Hu, plupp, plupp, wie konnte ich so dumm sein! Das habe ich doch schon früher erlebt. Jetzt muß ich ein neues Floß bauen.»
«Tjiit, tjitt, nein, das ist kein guter Gedanke. Igitt», sagte das Hermelin und schüttelte sich, daß das Wasser über uns hinspritzte.
«Esche-tesche, äh! Können wir nicht stattdessen gehen?» piepte der Lemming.
In diesem Augenblick hörte man ein heiseres Lachen aus einer hohen trockenen Föhre.
«Krak, kra, kra! Es ist wohl am besten, ihr geht zu Fuß! Dies ist ja nur eine kleine, klägliche Stromschnelle. Aber bald kommen richtig hohe Wasserfälle, die könnt ihr nicht bewältigen, ihr armen Kleinen!»
Es war ein großer, blauschwarzer Rabe. Er wußte, wovon er redete. Seine großen Flügel trugen ihn über Urwald und Einöde, und meilenweit spähte er in die Runde.
Wir gingen also zu Fuß weiter. Der Rabe hatte wahrhaftig recht gehabt. Das Wasser stürzte in wilden Stromschnellen und hohen Wasserfällen durch den Urwald. Wir kletterten abwärts und hörten das Wasser die Bergschroffen hinunter brausen und donnern.
Wir waren im Waldland unterhalb der Berge, einer wilden Gegend mit großen Felsblöcken, zottigen Fichten und hohen Föhren.

Das Wasser war jetzt ein dumpf rollender, schwarzer, wirbelnder Strom. Es war ein geheimnisvolles und spannendes Gefühl, durch Buschwerk und Dickicht und Dunkel vorwärtszudringen.

Bisweilen des Nachts, wenn das Hermelin auf Jagd ging, um sich Nahrung zu verschaffen, und der Lemming in irgendein Loch kroch, rollte ich mich auf dem weichen Moos zusammen, um zu schlafen.

Eines Nachts hörte ich einen schaurigen Schrei, und etwas Großes und Schweres kam durch die Luft geflogen. Es stieß auf mich nieder, und plötzlich hing ich in zwei gewaltigen Krallen und wurde vom Boden hochgehoben. Aufwärts durch die Luft – geradewegs in den Himmel hinauf...

«Nein, plupp, plupp, halt! Laß mich los!...»

Aber nichts half. Es war ein großer Uhu, der mich gefangen hatte. Und jetzt flog er mit mir auf einen hohen Berg hinauf.

Ich wurde auf einen Felsvorsprung gesetzt, neben ein Paar grauer, dauniger Uhujungen, die mich mit hungrigen Blicken wild anstarrten.
«Ho, ho, hu, hu, jetzt habe ich aber ein gutes Mittagessen für euch gefunden», sagte der Uhu und klappte mit seinem scharfen Schnabel.
«O nein, ich bin Plupp – aus den Bergen. Ich bin durchaus nicht zu essen. Deine süßen Jungen würden sich sicherlich den Magen verderben...»
«Hu, hu, ach so, du bist Plupp! Dann schmeckst du vielleicht nicht allzu gut. Da ist es wohl am besten, daß ich etwas anderes Eßbares hole», sagte der Uhu und flog davon.

Aber mich vergaß er mitzunehmen. Da saß ich nun auf einem Felsabsatz hoch über dem Tal, während mich die hungrigen Uhujungen anstarrten. Ich hielt mich ganz am Rande des Horstes und redete freundlich mit den Jungen, bis endlich der Uhu mit einem großen Fisch zurückkam, den er unten im Wasserfall gefangen hatte. Als am Morgen die Sonne leuchtete, sonnten sich die Jungen ihren Bauch und sahen richtig süß aus – ja, man gewöhnt sich an alles! Der Uhu wurde immer schläfriger, und da fiel mir ein, daß er ja tatsächlich zu den Eulen gehört – die größte aller Eulen ist. Ich bestellte dem Uhu einen Gruß von der Schnee-Eule. Da erwachte sein Interesse, und ich erzählte nun von meiner Reise am rinnenden Wasser entlang. Und ohne daß ich ihn darum zu bitten brauchte, nahm er mich in seine starken Krallen und trug mich wieder ins Tal hinunter. Neben dem Wasserfall setzte er mich auf den Boden.
«Hu, hu, viel Glück für die Reise, Plupp», sagte der Uhu und flog davon.
«Tjitt, titt, Plupp! Wie war es denn? Wollten sie dich nicht haben?»
«Esche-tesche – vielleicht schmecktest du nicht gut?»
«Plupp, plupp, redet keinen Unsinn! Jetzt müssen wir unsere Reise fortsetzen», sagte ich entschlossen. Aber ihr könnt euch denken, wie froh ich war, das Hermelin und den Lemming wieder zu sehen!

Eines Tages lichtete sich der Urwald.
Da entdeckten wir etwas, das wir noch nie zuvor gesehen hatten.
«Nein, so etwas, plupp, plupp! Was für ein breiter, feiner Weg! Der führt am Wasserfall entlang. Jetzt wird es für uns leicht sein, weiterzugehen...»
«Kra, kra, kra, ha, ha! Wer seid ihr denn, daß ihr gar nichts wißt? Dies ist kein Weg, das ist eine Landstraße! Die haben die Menschen am Fluß entlang gebaut – hört ihr: am Fluß entlang. Nicht am Wasserfall.»
Es war eine recht unfreundliche Krähe, die in einer Tanne saß.
«Oh, plupp, plupp, verzeih, das wußten wir nicht. Wir sind aus den Bergen, und dort gibt es nur Pfade und Bäche und Stromschnellen...»
«Kra, kra, ha, ha. Das konnte ich mir doch denken. Da wißt ihr nicht allzu viel! Aber versucht zu begreifen, wie man in Menschengegenden redet», krächzte die Krähe und flog auf und davon.
Wir wagten nicht, auf der feinen Landstraße zu gehen. Es konnten gefährliche Menschendinge darauf gefahren kommen. Wir hielten uns stattdessen unten am Wasser.

Durch den großen Wald im Tal

Eines Tages standen wir wieder an einem See, einem sehr großen See. Viel zu mühsam, ihn zu umgehen, dachte ich und baute uns ein einfaches kleines Floß.

«Esche-tesche, täää. Wenn nun aber wieder ein Wasserfall kommt...»

«Tjitt, titt, ich werde ordentlich Ausschau halten!»

Wir paddelten mehrere Tage, und allmählich wurde der See schmaler. Eine Stockente kam uns entgegengeschwommen.

«Graap, graap, hallo! Wißt ihr eigentlich, wohin ihr wollt?»

«Oh, plupp, plupp, wir wollen nur über den See und dem rinnenden Wasser bis zum Meer folgen...»

«Graap! Das geht nicht! Dieser See ist reguliert.»

«Wie? Was ist er? Was ist denn an diesem See auszusetzen?»

Die Stockente war eine kluge alte Ente, die vieles wußte. Sie führte uns an Land und flog vor uns her auf einen Berg. Wir kletterten hinter ihr drein. Von dort oben sahen wir etwas, was wir uns nie hätten träumen lassen!

«Graap, graap! Seht ihr es nun? Die Menschen haben den See abgesperrt, und das Wasser, das früher in einem Wasserfall hinunterstürzte, fließt jetzt durch einen Tunnel zum Haus dort, das man ein Kraftwerk nennt. Das haben die Menschen gebaut, um etwas zu bekommen, was sie Elektrizität nennen! Ja, das ist etwas, was in Drähten durch die Luft und dann in die Häuser geht und Licht wird, und es surrt und blinkt und fährt und...»
«Nein, plupp, plupp! Hör auf! Mir dreht sich alles im Kopf herum!»
«Graap, graap, ihr seht, daß ich euch warnen mußte. Ihr hättet in den Sog des Wassers kommen können und in dem Rechen des Wehrs festgesessen...»
«Esche-tesche, tää, nein, nein, hier ist es überall gefährlich. Ich will nicht solche Esche-tesche – Eschetrizität werden... Nää, tää, ich will nicht länger mitreisen! Ich kehre um, heim in meine Berge. Esche-tesche, hej», sagte der Lemming, machte kehrt und verschwand.
«Oh, plupp, plupp! Wie schade, daß der Lemming nicht mitkommt.»

«Tjiit, titt, Plupp, das macht nichts! Lemminge sind immer so zerfahren und ängstlich. Wir können doch auf alle Fälle weiter reisen» sagte das Hermelin, dessen Neugier größer war als seine Angst.

«Graap, graap, gewiß könnt ihr weiterreisen! Das Wasser wird wieder herausgelassen, und weiter unten ist der Fluß frei», sagte die Stockente und flog nach dem See zurück.

Das Hermelin und ich setzten unseren Weg fort. Abends, als es ruhiger wurde, gingen wir ans Ufer unterhalb des Kraftwerks. Wir hörten das Wasser hinter den Schleusen rauschen. Ein Teil des Wassers lief ab durch die Öffnungen der Schleusen, vielleicht würde der Tunnel sonst überlaufen.

«Tjitt, titt, Plupp. Sieh, dort hinten sind all die Drähte mit dieser Elektjittitt – Elektjizität...»

Der Fluß strömte weiter und wurde tief und schwarz mit wirbelndem weißem Schaum zwischen großen Steinen. Eines Abends saßen wir am Ufer und sahen tausend Mücken, die über dem schwarzen Wasser sangen und tanzten.
Plötzlich machte es Platsch, und ein großer Kopf tauchte auf.
«Platsch! Hej, ich bin der Lachs! Wer bist du, und wohin willst du?»
«Oh, plupp, plupp!» sagte ich und versuchte, ihm von meiner Reise mit dem rinnenden Wasser zum Meer zu erzählen...
«So, so, platsch! Ich komme gerade vom Meer. Jetzt will ich nach dem See hinauf, wo ich geboren bin. Dort werde ich Papa von neuen kleinen Lachsen werden...»
«Aber nein, das geht nicht! Die Menschen haben den See abgesperrt!»
«Ja, platsch, ich weiß. Aber sie haben Treppen mit Wasser für uns Lachse gemacht, so daß wir Stufe für Stufe hinaufspringen können. Hej, platsch», sagte der Lachs und machte einen Riesensatz, um eine Mücke zu fangen, ehe er in der Tiefe verschwand.
«Tjiit, titt, Plupp! Hast du gehört? Er ist vom Meer gekommen. Was die Lachse können, können wir wohl auch!»
Wir waren jetzt mitten in dem richtigen großen Wald. Hohe Bäume standen dicht beieinander, so weit man sehen konnte. Ich legte mich in das weiche Moos und lauschte, wie der Wind in den Baumkronen sauste. Aus der dunklen Tiefe des Waldes drang ein schöner Gesang, der immer näher kam. Es war eine ganz kleine Eule.
«Ho, hu, u – u, u – Hej, ich bin die Rauhfußeule. Ich habe euch schon lange gehört. Ich höre alles, was sich im großen Wald bewegt, ich höre die kleinste Fliege», sagte die Eule und sang uns ihr Lied vor, das wie eine kleine Flöte klang. Wir bedankten uns für das Lied und bestellten einen Gruß von der Schnee-Eule.

Plötzlich kam ein großer Elch mit langen, wiegenden Schritten angestampft. Er senkte sein großes Haupt und beschnupperte mich.
«Oh, plupp, plupp – puste mich nicht um!»
«Muu, was für ein kleines Kroppzeug bist du, das in meinem Reich gelandet ist?» fragte er, und ich sagte, daß ich Plupp von den Bergen sei und auf dem Wege zum Meer. Dann wagte ich eine Frage:
«Sag, großer Elch, warum ist deine Krone so klein?»
«Ja, das ist, weil ich jedes Jahr ein neues Geweih bekomme. Im Herbst werde ich eine große, schöne Geweihkrone haben. Dann werfe ich sie im Winter ab.» Der große Elch legte sich auf das weiche Moos und erzählte mir von dem großen Wald und allen Bäumen. Im Winter kämen Menschen in den Wald und fällten Bäume, die von kleinen, starken Pferden bis zum Fluß hinunter gezogen würden. Wenn es Frühling würde und der Fluß eisfrei wäre, rollte man die Baumstämme ins Wasser, und dann trieben sie den Fluß hinunter.
«Vielleicht wollen sie zum Meer, genau so wie du», sagte der große Elch.

An die Erzählung des großen Elches mußte ich denken, als das Hermelin und ich eines Tages am Fluß standen und eine Menge Baumstämme auf dem Wasser treiben sahen.

«Plupp, plupp! Mir kommt ein Gedanke», sagte ich und rieb meine wunden Füße. «Unsere Reise geht zu langsam, meine Beine werden müde. Wenn wir auf solch einem Baumstamm fahren könnten, würden wir viel schneller vorwärts kommen . . .»

«Tjitt, titt, meinetwegen! Ich werde Ausschau halten!»

Wir sprangen auf einige Steine im Fluß. Als ein recht großer und breiter Baumstamm vorbeitrieb, warfen wir uns darauf. Das ging fein! Und jetzt fuhren wir in gutem Tempo den Fluß hinunter. Manchmal ging es fast zu schnell. Der Baumstamm tanzte hin und her zwischen Steinen und Wasserwirbeln. Wir konnten uns nur mit Mühe festhalten.

«Tjitt, titt, sieh, Plupp! Sieh, wie viele Baumstämme!»

«Oh, ja, plupp, plupp! Da drüben sind wohl eine Menge Baumstämme aufeinander gefahren und sitzen nun fest. Hoffentlich landen wir nicht in diesem Gewirr...»

«Tjitt, titt, sieh, da sind Menschen! Sieh, wie sie auf den Baumstämmen herumspringen. Fast so flink wie Hermeline!»

«Ja, plupp, plupp! Sie versuchen wohl, die Baumstämme frei zu bekommen. Sie stoßen mit langen Stangen...»

«Tjitt, titt, sieh, was sie für ein feines Ding haben, mit dem sie auf dem Wasser fahren. Das ist sicher besser als dein Floß, Plupp!»

«Oj, paß auf! Plupp, plupp! Jetzt müssen wir uns ordentlich festhalten, wenn wir an denen vorbei kommen sollen, ohne festzufahren!»

Wir hatten Glück. Wir kamen an der gefährlichen Stelle mit den aufgestauten Baumstämmen vorbei, ohne aufzufahren oder ins Wasser zu fallen. Und ohne daß die Menschen uns entdeckten!

Nach einigen Tagen wurde alles ruhiger. Der Fluß strömte breit und tief und ruhig dahin. Unser Baumstamm trieb langsam auf dem blanken Wasser weiter. Wir brauchten nicht anzuhalten, um uns auszuruhen. Wir konnten auf dem Baumstamm liegen und es uns wohl sein lassen.
«Tjitt, titt, Plupp! Jetzt ist der große Wald zu Ende!»
Das Hermelin hatte recht. Wir sahen offene Felder, Äcker und Wiesen mit kleinen Heustadeln darauf; hohe, schlanke Birken an den Ufern und hier und da kleine Menschenwohnungen.
Es war jetzt voller Sommer.
Wir lagen auf unserem Baumstamm, sonnten uns und genossen das Leben. Lange, faule, schöne Sommertage mit Sonnenwärme und Vogelgesang und kleinen, weißen, wolligen Wolken am blauen Himmel.
«Oh, plupp, plupp! Ach du, daß es so schön sein kann, mit dem Wasser, das zum Meer fließt, zu reisen!»
Das Hermelin stimmte mir zu, obwohl es fand, daß es bisweilen etwas langweilig sei.
Unser Baumstamm glitt langsam mit all den anderen Baumstämmen den Fluß hinunter.

Auf dem Fluß

Ich lag und schlief in guter Ruh auf unserem Baumstamm, als mich das Hermelin plötzlich weckte und ängstlich wimmerte.
«Tjitt, titt, wach auf, Plupp! Sieh, sieh, Plupp! Sieh, wie viele Baumstämme jetzt um uns sind!»
«Oh, ja, was ist denn geschehen? Sitzen wir doch in diesem Gewirr von Stämmen fest...?»
«Tjitt, nein, das glaube ich nicht. Tjitt, wir sind mit einer Menge von Baumstämmen zusammengetrieben und machen halt...»
«Oh, plupp, plupp, jetzt sehe ich es! Wir sind eingefangen! Alle Baumstämme im Fluß sind eingeschlossen! Wie wenn die Rentiere in den Bergen geradeaus ins Gehege laufen und es hinter ihnen verschlossen wird...»

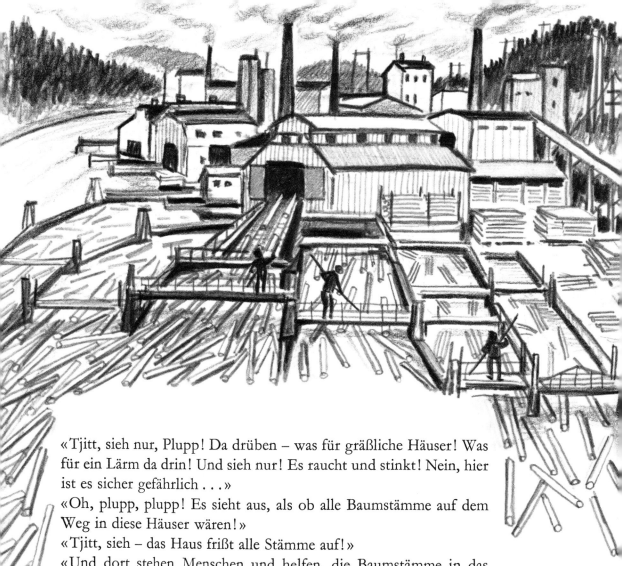

«Tjitt, sieh nur, Plupp! Da drüben – was für gräßliche Häuser! Was für ein Lärm da drin! Und sieh nur! Es raucht und stinkt! Nein, hier ist es sicher gefährlich...»
«Oh, plupp, plupp! Es sieht aus, als ob alle Baumstämme auf dem Weg in diese Häuser wären!»
«Tjitt, sieh – das Haus frißt alle Stämme auf!»
«Und dort stehen Menschen und helfen, die Baumstämme in das Maul des Hauses zu ziehen... Unser Baumstamm wird sich nicht retten können! Oh, plupp, plupp, was sollen wir tun?» Plötzlich ergriff etwas unseren Baumstamm und begann ihn herumzudrehen. «Hu, plupp, nein, halt! Laß das sein! Da spielt uns wohl jemand einen dummen Streich...»
«Tjiii iii...» piepte das Hermelin und hüpfte auf dem sich drehenden Baumstamm herum.

Ein lachender, schnaufender Kopf tauchte aus dem Wasser auf. Es war ein Otter! Das hätte ich mir ja denken können!
«Oh, plupp, plupp, ihr Otter müßt doch immer Spaß machen...»
Der Otter kletterte auf unseren Stamm und bespritzte uns grinsend mit Wasser.
«Hej, das *war* ein Spaß! Aber nicht nur Spaß – ich muß euch warnen. Ihr seid ja im Begriff, geradewegs in das Sägewerk hineinzufahren! Da drinnen werden die Stämme in Scheiben, also in Bretter gesägt. Oder in Stücke gekaut. Baumstämme werden alles mögliche: Häuser, Kisten, kleine Späne, Papier...
«Habt ihr euch entschieden, ob ihr ein kleiner Stuhl oder ein Stück Papier werden wollt? Ja, allzuviel kann ja aus euch beiden nicht werden.»

«Nein, tjitt tjiii – nein, nun mache ich nicht mehr mit! Ich will nicht ein Stück Papier werden. Du mußt mich entschuldigen, Plupp, aber ich laufe jetzt wieder heim in die Berge. Bis zum Herbst bin ich dort. Ich will gern für deine Hütte sorgen. Hej!» sagte das Hermelin und hüpfte über die Baumstämme an Land. Da saß ich nun . . .

«Oh, nein, plupp, plupp – jetzt verläßt mich auch das Hermelin! Alles kommt mir so unmöglich vor. Ich komme nie ans Meer!»

Ich war so traurig, daß ich zu weinen begann. Der Otter sah mir eine Weile zu, dann sagte er:

«Äh, gib es jetzt nicht auf, Plupp! Ich werde dir ins freie Wasser hinaus helfen, dann kannst du deine Reise nach dem Meer fortsetzen!»

Er packte mich mit festem Griff und hob mich von einem Baumstamm zum anderen – und dann wieder zum nächsten – mit langen, weichen Sprüngen. Schließlich landeten wir draußen an der Sperre, einer Reihe von zusammengebundenen Stämmen, die all die anderen Baumstämme einschlossen. Der Otter verschaffte mir einen Stamm, den er auf den Fluß hinausschob, dann gab er mir ein Holzstück als Paddel in die Hand. Ich kletterte hinauf, und der Otter stieß mich ins freie Wasser hinaus.

«So, Plupp, jetzt paddle! Es ist nicht mehr weit.»

«Vielen Dank für die Hilfe, vielen Dank, bester Otter», rief ich und fühlte mich viel wohler, als ich wieder ins Fahrwasser hinaussteuerte.

Es gab jetzt immer mehr Menschenhäuser an den Ufern. Immer größere Häuser. Schließlich standen sie übereinander! Offenbar wollten alle Menschen ihre Wohnungen genau auf dem gleichen Fleck haben!

Alle Häuser waren aus Stein. Und überall bewegten sich brummende und surrende Dinge, die übel rochen. Es war ein Lärm und ein ständiges Hin- und Herlaufen – ja, es erinnerte mich an die Lemminge, wenn sie zu zahlreich werden und umherrennen, sich drängen und lärmen. Es roch so schlecht, daß ich kaum atmen konnte. Und das Wasser des Flusses war sehr schmutzig.

Nein, ich wollte fort von hier!

«Tjirrivit, warum so eilig?» fragte ein kleiner, grauer Vogel und ließ sich auf meinem Baumstamm nieder.

«Ja, ich bin Plupp aus den Bergen – und ich finde es hier entsetzlich laut und häßlich.»

«Tjirrivitt, ich bin der Sperling, und ich wohne hier. In solch einer Stadt gibt es so viel Angenehmes! Man kann umherfliegen und Brotkrumen der Menschen aufpicken, man kann unter den Dachrinnen Nester bauen, und man kann mit seinen Gefährten in einem Busch im Park sitzen und zwitschern. In einer Stadt ist es nie langweilig!»

Der Sperling wollte, daß ich mit ihm in die Stadt ginge, damit ich es selber sähe.

In der Nacht wurde es ruhiger in der Stadt, und gegen Morgen, als es überall still war, zeigte mir der Sperling eine Stelle in der Stadt, wo es Bäume und Büsche gab. Das sei ein Park, sagte er. Und dort könne ich andere Tiere treffen, die in der Stadt wohnten.

«Gurr», gurrte eine dicke Taube. «Hier ist es gut, denn hier kann man leicht Futter finden. Die Menschen streuen Futter für uns aus. Und man kann schöne Nester auf ihren alten Häusern bauen. Neue Häuser sind nicht so gut, die sind zu glatt.»

«Virrivitt», zwitscherte eine muntere Kohlmeise. «Hier gibt es so vieles, was die Menschen wegwerfen, und im Winter hängen sie uns Futter vor ihre Fenster.»

«Krax, ha, ha», lachte eine große Elster und kam angehüpft. «Die Menschen werfen so vieles weg, was sich essen läßt. Es ist spannend, den Kehricht zu untersuchen, kannst du mir glauben! Außerdem schätze ich Orte, an denen etwas geschieht, da ist Leben und Bewegung.»

«Kurrekurr, schmack, schmack», sagte ein Eichhörnchen und wedelte mit seinem schönen Schwanz. «Freilich bekommt man Futter von den Menschen. Man braucht nur hinzuhüpfen und sich hübsch hinzusetzen –

dann gibt es etwas Gutes. Aber ich mag die gräßlichen Dinger nicht leiden, die auf den Straßen herumfahren. Es ist ruhiger in den Wäldern. Aber im Winter ist es leichter, hier Futter zu finden – doch es ist hier viel gefährlicher – ich werde ganz verwirrt, wenn ich daran denke!»
Ein Igel hatte schüchtern an mir geschnuppert. Jetzt sagte er: «Ja, es wird jetzt zu gefährlich. Wir Igel wohnen gern in der Nähe der Menschen. Aber nicht, wenn es so wie hier zugeht; da ist es besser außerhalb der Stadt, wo sie in kleinen Häusern wohnen, die nicht so nah beieinander liegen.»
«Tjirrivitt», sagte der Sperling, «in der Stadt muß man ein Vogel sein. Da kann man hoch fliegen und auf dem Dach sitzen...»
«Ja, plupp, plupp – es ist möglich, daß ihr es in der Stadt aushaltet. Aber ich bin aus den Bergen, ich würde hier nie zurechtkommen!»
«Tjirrivitt, du könntest dich daran gewöhnen! Das haben wir auch getan. Man lernt es, weißt du.»
Die Sonne ging über den Hausdächern auf, und die Stadt erwachte zu Leben und Bewegung. Ich verabschiedete mich von allen im Park und eilte zu dem Fluß zurück.

Ich stieß den Baumstamm vom Land ab und paddelte auf den Fluß hinaus, um von der gräßlichen Stadt fortzukommen. Plötzlich hörte ich in der Luft über mir etwas rufen: «Kiiää, kiiää, hallo! Wer bist du, und wohin willst du? Kann man mitfahren?»

«Ja, plupp, plupp, das wird wohl gehen. Ich bin Plupp aus den Bergen, und ich will ans Meer. Falls es wahr ist, daß es ein Meer gibt, wohin man gelangen kann – ich beginne mich zu fragen, ob ich wirklich auf dem richtigen Weg bin...»

«Kiiää, kiiää, du bist ein Narr! Klar gibt es ein Meer! Ich bin eine Lachmöwe. In der Stadt gefällt es mir gut – dort gibt es allerlei Abfall, den man fressen kann, wenn man nur etwas sucht. Aber meistens bin ich draußen am Meer – ich kenne es.»

«Na also, plupp, plupp! Dann kannst du mir ja den Weg zeigen!»

«Kiiää, kiiää, gewiß! Immer geradeaus! Halt den Kurs! Kiiää, kiiää, so ist's richtig! Kräftig weiter! Kiiää, kiiää...»

Sie hatte eine recht grelle Stimme – es tat fast weh in den Ohren – aber ich freute mich, jemand bei mir zu haben, der mir den Weg zum Meer zeigen konnte.

Am Meer

Wir trieben auf dem Baumstamm weiter, die Lachmöwe und ich. Noch waren recht viele Häuser an den Ufern, und lärmende Dinger fuhren kreuz und quer über den Fluß. Es seien Boote, sagte die Lachmöwe.
Doch allmählich wurde es ruhiger, und der Fluß wurde breiter und teilte sich um große Inseln.
«Aber, plupp, plupp, das Wasser fließt ja nicht mehr! Und der Fluß sieht eher aus wie ein großer See mit Inseln darin. Kommen wir denn nie ans Meer?»
«Kiiää, kiiää, sei nicht ungeduldig! Es liegen nur noch einige Inseln im Wege. Dann wirst du es sehen! Paddle nur weiter!»
Ich paddelte, und der Tag verging. Es wurde Abend, und wir gingen an Land und ruhten uns über Nacht aus. Ich paddelte mehrere Tage.
«Nein, plupp, plupp – hör einmal, Lachmöwe, kommen wir denn nie ans Meer?»
«Kiiää, kiiää, ha, ha, bald, Plupp! Bald!»

Wir fuhren um einige große Inseln herum, und plötzlich schrie die Möwe, den Schnabel in die Luft gestreckt:
«Kiiää, kiiää! Spürst du den Geruch, Plupp?»
«Was für ein Geruch? . . . Ja, es riecht tatsächlich so sonderbar, wie ich es noch nie zuvor erlebt habe.»
«Kiiää, kiiää! Es riecht nach Salzwasser! Salzwasser vom Meer!»
«Ach so, plupp, plupp, ist im Meer anderes Wasser?»
«Ja, natürlich, es ist salzig, weißt du. Sieh nur! Da hast du das Meer.»
Ein großes Wasser öffnete sich vor uns. Hier und dort lagen noch einige kleine Inseln, aber der Fluß hörte auf. Das große Land hörte auf. Jetzt gab es nur noch Wasser.

«Oh, plupp, plupp, daß es so viel Wasser gibt! Die Schneeammer sagte, alles rinnende Wasser fliesse ins Meer, und dann werde das ganze Meer voll Wasser. Wie recht sie doch hatte!»
«Kiiää, kiiää, wie du redest! Das Meer ist immer voll Wasser. Viel mehr Wasser, als du hier siehst. Man kann beliebig weit über das Meer fliegen und es nimmt nie ein Ende.» Es wehte ein recht frischer Wind, und der Baumstamm trieb weiter, an einigen Inseln vorüber. Ich war ganz davon in Anspruch genommen, mich umzuschauen, und merkte kaum, daß der Wind zunahm. Ich fühlte, wie der Baumstamm begann, sich auf und ab zu wiegen.
«Oh, plupp, plupp, wie lustig es schaukelt!»
«Kiiää, kiiää, warte nur, Plupp! Du wirst schon noch schaukeln!» Als wir an einigen Inseln vorbei kamen und nur offenes Wasser vor uns lag, fühlte ich, wie kräftig der Wind wehte. Es schaukelte wirklich recht stark... Die Wellen gingen immer höher. Die Lachmöwe flog vom Baumstamm hoch und segelte mit ausgebreiteten Flügeln über mir in der Luft.

«Kiiää, kiiää – dorthin, Plupp! Dorthin zum Felsen mußt du paddeln! Du kannst dich bei diesem Wetter nicht auf das Meer hinaus begeben. Dann wäre es bald aus mit dir. Dort auf dem Felsen kannst du an Land gehen.»

Ich paddelte, so stark ich konnte. Der Wind peitschte die Wogen zu Schaum, daß sie spritzten und zischten. Ich fuhr immer höher hinauf, und dann sank ich ganz tief hinunter. Dann wieder in die Höhe. Neue Wogen kamen herangerollt. Das war schlimmer als alle wilden Stromschnellen und Wasserfälle daheim in den Bergen.

Schließlich erreichten wir den Felsen. Der Baumstamm wurde von einer großen Woge, die hinter uns hergerollt kam, an Land geworfen. Ich stapfte mit recht schwankenden Beinen an Land. Oh, wie schön, wieder festen Boden unter den Füßen zu haben!

«Kiiää, kiiää, Plupp, jetzt bist du angelangt!» rief die Lachmöwe. «Klettre zu mir auf den Felsen hinauf, dann wirst du das große Meer sehen, – das Ziel deiner langen Reise!»

Wir saßen auf dem Felsen und sahen über das Meer hinaus, die Lachmöwe und ich. Der Wind wehte nicht mehr so stark, die Sonne schien, und das Meer legte sich zur Ruhe.

«Oh, plupp, plupp, wie schön, daß ich endlich da bin! Hier ist es so friedlich und ruhig...»

«Kiiää, kiiää, nein, hier ist es selten ruhig. Warte nur, bis meine Verwandten kommen. Ja, sieh! Da kommen sie!» Die Luft füllte sich mit flatternden Flügeln und schreienden Schnäbeln.

«Piiää, kiiää, was ist denn das für ein kleines Geschöpf? Bist du ein Vogel oder ein Fisch? Piiää . . .»

«Nein, plupp, plupp, ich bin nur Plupp aus den Bergen. Aber, ihr Guten, macht doch nicht einen solchen Lärm! Hör einmal, Lachmöwe, wie viele Verwandte hast du denn? Können sie mich nicht der Reihe nach begrüßen?»

«Kiiää, ha, ha kree, wir sind eben viiiele! Viele Lachmöwen!»

«Kääüü, käü, käü, aber noch viel mehr Sturmmöwen!»

«Kea, kea, kea, nein, wir Heringsmöwen sind am zahlreichsten!»

«Gao, gao, gao, gao, aber wir Silbermöwen sind größer und stärker!»

«Gack, gack, gao, gao, aber wir Mantelmöwen sind die größten und stärksten! Ihr Lachmöwen und Silbermöwen freßt allen nur möglichen Abfall auf dem Lande. Aber wir Mantelmöwen fangen Fische aus dem Meer! Wir sind tüchtige Fischer!»

«Piiää, niää, ha, ha, was für Prahl-Möwen!» schrien die anderen.

Es war ein schreckliches Durcheinander.

«Oh, plupp, plupp, hört auf! Hört auf, beste Möwen!»

Ich wickelte mein Halstuch mehrere Male um meinen armen Kopf, um dem schlimmsten Geschrei zu entgehen.
Ich sehnte mich wirklich nach den schweigenden Weiten daheim in den Bergen.
Mehrere Tage lang versuchte ich, es mit all den Möwen auszuhalten. Ich mußte ihre Flugkünste bewundern, wenn sie mit den Winden segelten, stoßtauchten, über die Wogen jagten, sich mit schwindelnden Schwüngen durch die Luft warfen. Aber es war immer der gleiche Lärm und Zank. Sie waren alle hungrige, freche Krakeeler, die sich hackten und schrien und zankten und lachten und lärmten . . .
«Nein, plupp, plupp, ich ertrage es nicht länger!»
Eines Tages entdeckte ich einen Fischkasten, der auf den Wellen schaukelte. Ein ausgezeichnetes Floß, dachte ich. Als ich den Kasten dann am Ufer fand, wo er an Land getrieben war, zögerte ich keinen Augenblick.

Ich suchte mir ein geeignetes Holzstück zum Paddeln, sprang an Bord und stieß von Land ab. Ich winkte den Möwen zum Abschied zu und paddelte hinaus.

Nicht gerade weit auf das offene Meer – das war mir etwas zu groß. Aber ich ließ mich von Wind und Wellen nach einigen anderen kleinen Inseln treiben. Oh, wie schön war es, nur auf den Wellen auf und nieder zu schaukeln und die Ohren ausruhen zu lassen bei der leisen Musik von Wind und Wasser!

Nach einigen Tagen paddelte ich einer Insel zu und ging an Land. Es gab keine Bäume darauf, nur kahle Felsen, kleine Steine und einige Grasbüschel. Die Insel wirkte ruhig.

Ich machte mir einen Schlafplatz zurecht und nahm mir vor, mich gründlich auszuruhen.

Aber am nächsten Morgen, als die Sonne aufging, brach der Lärm wieder los.
«Kiiee, kii, kre, kre, kre, kii, kii, kii ...»
Flatternde Flügel und wildes Geschrei.
Es waren keine Möwen, sondern Seeschwalben! Silberseeschwalben, Rauchseeschwalben und andere.
«Oh, plupp, plupp. Ihr müßtet Schrei-Seeschwalben heißen, so wie ihr schreit!»
Die Seeschwalben schossen durch die Luft und beobachteten scharf, bis sie sich plötzlich in einem blitzenden Sturztauchen ins Meer stürzten, um einen Fisch zu fangen. Dann gab es eine wilde Jagd und Kampf um die Beute. Was für schwindelnde Flugkunststücke auf glitzernden weißen Flügeln durch die blaue Luft! Ja, freilich war es schön, aber oh, mein armer Kopf, ihre Schreie schnitten mir in die Ohren!
Und dabei wollte ich mich doch nach meiner langen Reise ausruhen!

Winter auf der Insel

Eine Silbermöwe kam zu mir.
«Kii, kii, kre, krii, kree! Hej, Plupp von dort oben! Im Frühling hatte ich mein Nest an einem See in deinen Bergen. Jetzt bin ich auf dem Weg gen Süden. Ich muß sehr weit fort. Wir Silbermöwen ziehen am weitesten von allen Vögeln. Von deinen Bergen hoch oben im Norden hinunter über Afrika bis nach dem Eismeer im Süden. Wenn wir oben in den Bergen sind, ist es Tag und Nacht hell, und wenn wir im südlichen Eismeer sind, ist es auch fast die ganze Zeit hell. Wir sehen tatsächlich zwei Mitternachtssonnen! Das ist fein!» Das klang ja wunderbar. Zu denken, daß man so weite Reisen machen und die Mitternachtssonne an zwei Stellen sehen konnte!

«Plupp, plupp, wie interessant. Viel Glück zur Reise! Wir sehen uns dann vielleicht im nächsten Frühling in den Bergen wieder – aber jetzt muß ich weiterfahren», sagte ich, denn ich hatte Kopfschmerzen von all dem Geschrei.

Offenbar konnte ich mit keinerlei Ruhe rechnen, wenn ich auf dieser Insel blieb. Ich mußte fort. Ich stieg an Bord meines Fischkastens und paddelte hinaus. Draußen auf dem Meer schaukelte ich friedlich dahin und hatte endlich Ruhe.

Oh, wie war das schön!

Aber ich konnte ja nicht ewig auf den Wellen dahintreiben. Darum steuerte ich meinen Fischkasten nach einer anderen Insel, die hübsch aussah. Es war eine recht große und hohe Felseninsel. Da gab es Bäume und Büsche. Das konnte ich von weitem sehen. Dort würde ich vielleicht einen Platz für mich finden und eine Zeitlang bleiben können.

Gerade, als ich auf der Insel landen wollte, geschah etwas Seltsames. Vom Meer her hörte ich einen schwirrenden Laut. Ein schwarzer Ball flog wie ein Strich über das Wasser. In einem weiten Bogen flog er gerade über mich hin und nach der Insel.
War das eine Riesenhummel?
Sollte ich an Land gehen auf eine Insel, die vielleicht voll solcher bösen, schwirrenden Riesenhummeln war? Das wäre auch nicht viel besser als das Geschrei der Möwen. Ich begann zu zweifeln, ob es überhaupt einen einzigen stillen und ruhigen Platz in diesem Meer gäbe.
Als ich an Land stieg, stand da der schwarze Ball und wartete auf mich. Es war keine Riesenhummel, sondern ein schwarzer Vogel mit hellroten Füßen. Er stand aufrecht vor mir und sah etwas hochmütig aus.

«Plupp», sagte ich und stellte mich vor.
«Piiih, pschee! Hej, ich heiße Gryllteiste», sagte er freundlich.
«Plupp, plupp – darf ich fragen, ob es hier viele Gryllteisten gibt?»
«Piiih, pschee, nein, nur mich. Wir Teiste halten uns meistens draußen auf dem Meer auf», sagte er.
«Wie schön! Ich meine – daß es auf dieser Insel so ruhig ist. Ich muß hier wohl überwintern. Es ist schon Herbst, und ich kann erst im Frühling wieder in die Berge reisen.»
«Piiih, pschee, du kannst gern mein Nest dort unter dem Felsblock leihen. Dort wohne ich jeden Frühling, aber im Winter bin ich draußen auf offener See und fische. Auf Wiedersehn im Frühling – wenn du dann noch da bist! Piih, pscheeh, hej!»
Endlich hatte ich eine Insel für mich allein und konnte mir einen Bau einrichten. Er wurde nicht so fein wie meine Hütte in den Bergen, aber für einen Winter mußte er genügen. Dann sammelte ich Wintervorräte: Tang aus dem Meer und andere Pflanzen, die ich mir trocknete.
In der Herbstzeit gab es viele schwere Stürme, Regen und Nebel. Wenn es am schlimmsten stürmte, schlugen hohe Wellen gegen die Felsen, und zischender Schaum spritzte über meine Wohnung. Aber der Felsblock gab guten Schutz, und als ich alle Ritzen mit Zweigen und Moos abgedichtet hatte, wurde es warm und schön in meinem Bau.
Dann kam der Winter.
Nach vielen Sturmtagen begann es in großen, weichen Flocken zu schneien. Die Zeit verging, und der Schnee breitete sich wie eine weiche Decke über die Insel. Alles wurde weiß, still und ruhig.
Ich machte mir in meinem Fischkasten ein Bett zurecht und kroch hinein. Dann schlief ich.
Oh, wie schön war es, richtig ausschlafen zu können!

Eines Morgens erwachte ich von einem klingenden Gesang – wie ein Trompetenton klang es durch die Luft. Als ich hinausschaute, landete ein großer, weißer Singschwan vor meinem Bau.
«Üang, üang! Bist du der Plupp? Ich komme von deinen Bergen und bin auf dem Weg zur Küste, um während des Winters auf offener See zu sein. Ein Hermelin hat mir dies mitgegeben und gesagt, das solle Plupp haben. Dann haben mir die Vögel gezeigt, wo ich dich finden könnte.»
«Oh, plupp, plupp! Vielen Dank! Wie großartig vom Hermelin, mir meinen Winterpelz zu schicken. Wahrscheinlich wohnt es jetzt in meiner Hütte.»
Es wurde sehr kalt. Bald lag Eis über dem Meer.

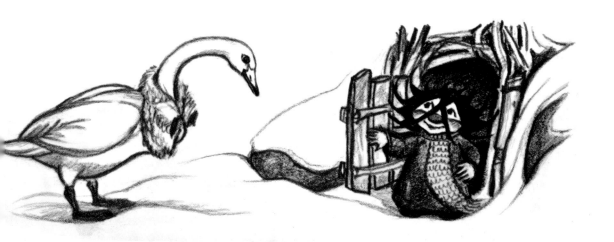

Während der dunklen Winterzeit schlief ich meistens in meinem Bau. Als aber die Sonne wieder länger zu scheinen begann, wollte ich hinausgehen und mich bewegen. Ich machte mir ein Paar Ski aus einigen Holzstücken und begab mich auf lange Entdeckungsfahrten auf das große, weiße Meer hinaus.
Überall lag Eis, aber es war nicht so eben wie ein Fußboden. Eisblöcke türmten sich auf wie erstarrte, abgehackte Wellen. Ich entdeckte einige seltsame Löcher im Eis. Was mag es in solchen Löchern geben? dachte ich und schaute hinein. Nichts als dunkles Wasser!
Plötzlich tauchte ein fröhlich schnaufender Kopf aus dem Loch auf.
«Oh, plupp, plupp – wie du mich erschreckt hast!»
«Plums, platsch! Hej! Ich bin ein Seehund. Was bist du?»

Ich erzählte von mir, während der Seehund aus dem Loch plumpste und sich auf dem Rücken auf dem Eis herumwälzte. Wie dick und rund er war! Er klatschte sich mit den Vorderflossen auf den Bauch und bellte zufrieden.

«Oooooo, wie schön ist es hier in der Sonne! Ich finde es herrlich, mich zu sonnen. Oooo, wie schöön ist es aber auch, im Wasser zu sein. Es ist so lustig, herumzuschwimmen. Aber ab und zu muß ich auftauchen und atmen. Darum mache ich mir solche Löcher im Eis. Ich kratze mit den Vorderflossen, und zugleich drehe ich mich im Kreis, wie ein Bohrer. Und so bohre ich Löcher mitten durchs Eis. Im übrigen schätze ich es, Fische zu fressen. Eine Menge Fische! Und zu schlafen! Das ist schön...»

«Plupp, plupp, wie seltsam, daß man es hier draußen im Meer so schön haben kann!»

«Ooooo, ja, das Meer ist das Beste, was es gibt! Aber jetzt muß ich wohl wieder untertauchen. Willst du mit, Plupp?»

«O nein! Es ist wohl am besten, wenn ich hier beim Loch warte, bis du wieder auftauchst.»

Plums tauchte, und es sah schön aus – aber ich hatte doch keine besondere Lust zu baden!

Wir trafen uns oft, Plums und ich.

Wenn er auftauchte, um auf dem Eis zu liegen und sich zu sonnen, leistete ich ihm oft Gesellschaft. Wir lagen in der Sonne und plauderten, und zuweilen schliefen wir auch ein.

Aber meistens wollte Plums spielen. Verstecken spielte er mit mir.

Er tauchte in ein Loch, und ich stand lange da und wartete auf ihn. Plötzlich bellte er mir von einem ganz anderen Loch aus zu. Wenn ich dorthin kam, war er verschwunden. Ich wartete. Er tauchte ganz in der Ferne aus einem Loch auf. Ich hielt nach allen Seiten Ausschau, wenn er wieder verschwand. Aber er foppte mich und tauchte aus einem Loch dicht hinter mir wieder auf. Er schnaufte so, daß mich das Wasser bespritzte, und lachte, wenn er sah, wie ich vor Überraschung zusammenfuhr.

Draußen auf dem Eis

Eines Tages kam Plums und blökte mir zu, ich solle ihn auf das Meer-Eis hinaus begleiten, dann werde ich etwas zu sehen bekommen!
Ich nahm meine Skier und glitt hinter Plums her, der über das Eis robbte, wenn er nicht in irgendein Loch tauchte und eine Strecke weit schwamm. Das Wetter war herrlich. Die Sonne wärmte, und es wehte ein leichter Frühlingswind. Zwischen den Inseln lag das Eis noch dick, aber weiter draußen war Meer-Eis. Das ist ein Eis, das fast ständig in Bewegung ist, von Wind und Wasserströmungen getrieben.
Plums robbte vor mir her nach einem großen Haufen von Eisblöcken. Er bellte mir eifrig zu, daß ich mich beeilen solle. Als ich um die aufgetürmten Eisblöcke kam, sah ich eine große Wohnhöhle, wie sie sich die Seehunde aus Eis und weichem Schnee bauen.

In der Höhle trafen wir einen anderen Seehund, der uns mit fröhlichem Grunzen begrüßte. Neben ihm lag ein kleines, weißlockiges Seehundjunges.
«Oh, plupp, plupp, was für ein süßes Junges – und dick wie ein Ball!» Plums kümmerte sich nicht mehr um mich. Er und die Seehundmama wollten hinausschwimmen, baden und spielen und Fische fangen. Ich mußte das Kind hüten!
Das Seehundjunge war entzückt, Gesellschaft zu bekommen. Es kam aus der Höhle und robbte und hüpfte auf dem Eis herum und grunzte mir fröhlich zu, daß ich mit ihm spielen solle. Ich sollte es mit Schnee bewerfen. Das mochte es gern!
«Hör einmal, Plumschen», sagte ich und bewarf ihn mit einem großen Schneeball. «Müßtest du nicht an deine schlanke Linie denken und nicht so viel Milch bei deiner Mutter trinken? Wenn du größer bist, muß du ja

lernen, nach Fischen zu tauchen. Aber wenn du so dick bist, wirst du nicht tauchen können! Du schwimmst nur oben. Fett schwimmt oben, weißt du!»

«Moooh, nooo, Plupp, vielleicht hat du recht, Plupp. Aber ich kann doch nicht tauchen, ehe ich diesen langen, lockigen Kinderpelz gegen einen glatten und blanken, grauen Seehundpelz eingetauscht habe. Wirf mehr Schnee auf mich, Plupp, das macht Spaß!»

Wir spielten lange, doch schließlich waren wir so müde, daß wir uns eine Weile ausruhen mußten. Es wehte ein recht frischer Wind, aber es war schön draußen auf dem Eis. Die Sonne schien warm. Wir legten uns auf eine Eisscholle, um uns zu sonnen.

«Moooh, nooo, Plupp, du wärst gewiß auch gern ein Seehund und hättest es so schön wie ich», sagte der kleine Plums. Dann schlief er ein. Ich lag noch eine Weile wach und dachte nach. Bald schlief auch ich ein.

Wir mußten lange geschlafen haben, denn als wir aufwachten, war rings um uns ein dumpfes Grollen und Knacken zu hören. Irgend etwas war im Geschehen.
«Oh, plupp, plupp! Wir bewegen uns!»
«Moooh, nooo, nein, ich liege ganz still», sagte Plumschen.
«Das tue ich auch. Aber das ganze Eis bewegt sich. Huh, sieh, eine Menge Wasser! Oh, unsere ganze Eisscholle geht wohl in Stücke!»
Es knackte. Mit einem donnernden, dumpfen Krach zerbrach das Eis in einiger Entfernung. Eine breite Spalte öffnete sich, und das dunkle Wasser strömte hervor. Ich fühlte, wie wir forttrieben.
«Mooh, hej, Plupp!» ... Platsch!
Plumschen warf sich ins Wasser. Ich selbst mußte mich mit einem Riesensprung auf eine andere Eisscholle retten. Ich sah mich nach dem Seehundjungen um. Es war zur Seehundhöhle zurück gelangt, und dort würde seine Mama es finden, wenn sie zurückkam. Das war ja gut! Aber für mich war es schlimmer. Ich trieb auf meiner Eisscholle fort, ohne etwas tun zu können. Wie lange würde es dauern, bis die Scholle geschmolzen war? Würde ich aufs Meer hinaus treiben, auf das offene Meer, das so groß ist, daß es nie ein Ende nimmt...?

Meine Eisscholle wurde immer kleiner. Hier und da löste sich ein Stück ab, und die Ränder wurden immer dünner. Einmal hoffte ich, meine Eisscholle würde genügend nah an eine andere, größere herantreiben, so daß ich hinüberspringen und mich noch eine Zeitlang halten könnte. Aber es brauste nur immer mehr Wasser um mich her. Ich war direkt auf dem Weg ins offene Meer hinaus! Als ich daran dachte, daß ich meine Hütte daheim in den Bergen vielleicht nie wieder sehen würde – ja, da begann ich zu weinen...

Plötzlich hörte ich einen schönen Gesang: «Ala, aüli, aüli...» Wer sang wohl hier draußen? Ich begann zu rufen.

«Pluupp, pluuupp, Hilfe, Hilfe, pluupp, Hilfe!»

Der schöne Gesang kam von einem Vogelschwarm, der auf einem kahlen Felsen im Wasser saß.

Endlich hörte man mich. Einer der Vögel kam zu mir geflogen.

«Aü, aü, la, la, was ist denn los? Warum klingt dein Gesang so traurig? Bist du denn nicht fröhlich an einem so schönen Vorfrühlingstag?»

«Ich bin Plupp aus den Bergen. Und ich will von hier fort, ehe ich hinaustreibe und schmelze und im offenen Meer ertrinke. Hilf mir! Schnell!»

«Aü, la, la. So, du bist aus den Bergen? Ich bin eine Eisente und will bald nach den Bergen hinauf.»

Sie landete auf meiner Eisscholle und begann mit mir zu reden, als ob es gar keinen Grund zur Beunruhigung gäbe.

«Aü, aü, la, la, wir Eisenten legen unsere Eier gern an kleinen Seen oben in der Bergheide. Es klingt sehr schön, wenn wir dort in den einsamen Weiten singen. Hier auf dem Meer fliegen wir zu den Stellen hin, an denen wir nach Muscheln tauchen können. Ich kann sehr tief tauchen! Ißt du gern Muscheln?»

«Nein, doch, ja, ich weiß nicht. Ich weiß nur, daß ich von hier fort muß. Ich bin dem rinnenden Wasser von den Bergen bis zum Meer gefolgt. Jetzt möchte ich gern an Land kommen und den Weg zurück gehen...»

«Aü, la, la, ich folge auch dem Wasser bis in die Berge hinauf, dem Fluß und allen Seen entlang...»

«Aber beste Eisente, plupp, plupp, hilf mir jetzt! Kannst du mir nicht den Seehund Plums hierher holen? Flieg hin und such ihn! Er kann mir sicher helfen!»

Die Eisente flog fort. Sie und alle anderen Eisenten wollten gern nach Plums ausschauen, wenn sie doch da draußen umherflogen, sagte sie. Meine kleine Eisscholle schmolz immer mehr. Das Wasser plätscherte mir abscheulich um die Füße.

Endlich tauchte Plums auf, fröhlich und schnaufend.

«Oh, plupp, plupp! Lieber Plums! Hilf mir! Ich habe genug vom Meer. Ich will jetzt an Land. Und zwar schnell!»

«Mooo, nooo, wie schade! Jetzt ist das Meer bald wieder eisfrei, und alle Vögel kommen zurück. Es ist Frühling, Plupp! Eine herrliche Zeit für lange Schwimmtouren und guten Fischfang!»

«Aber – plupp, plupp – ich will weder schwimmen noch fischen. Ich will im Frühling heim in die Berge und in meine eigene Hütte...»

«Nooo, willst du nicht noch etwas warten und alle Vögel treffen, die jetzt kommen? Die Eiderente ist unterwegs und der Gänsesäger und der Taucher und die Graugans! Ja, die Graugans und du, ihr habt ja den gleichen Weg! Vielleicht kannst du mit ihr fliegen?»

«Vielen Dank, plupp, plupp, aber ich möchte jetzt hier fort. Ich ertrinke, während du redest...»
Lieber Plums!
Er verstand mich. Ich durfte mich auf seinen runden Kopf setzen. Vorsichtig, mit erhobenem Haupte, schwamm er durch die Wellen.
«Oh, plupp, plupp, wie nett du bist, Plums! Ich fühle mich hier oben auf deinem Kopf viel sicherer als auf einer noch so großen und dicken Eisscholle im offenen Meer.»
«Moooo, noooo, halt dich nur fest, daß du nicht hinunterrutschst!»
Bisweilen schlugen die Wellen über uns hin. Ich wurde ganz naß, aber das machte nichts. Ich war ja nun endlich auf dem Weg zum festen Land.

Die Heimreise

Plums schwamm mit erhobenem Haupt um alle Eisschollen herum in die Inselwelt hinein. Er scherzte mit mir und fragte, ob ich nicht lieber auf einer Eisscholle fahren oder auf einer kleinen, kahlen Felseninsel bleiben wollte, die aus dem Wasser ragte. Ob ich nicht auf alle Fälle hierbleiben und ein Seehundleben führen wollte!
«Vielen Dank, plupp, plupp, vielleicht ein anderes Mal», sagte ich.
Wir kamen an der Insel vorbei, auf der ich im Winter gewohnt hatte, aber ich wollte nichts mehr von ihr wissen. Da schwamm Plums weiter, immer zwischen den Inseln hindurch. Ich dachte, die Gryllteiste würde sich gewiß über meinen Fischkasten freuen. Dort hinein könnte sie ihre Eier legen . . .
Schließlich erreichten wir das Land!

Plums setzte mich an einem Sandufer am Festland ab. Endlich hatte ich wieder festen Boden unter den Füssen. Ich war ganz naß, aber sehr froh und dankbar. Plums bekam eine große, nasse Umarmung, und dann stand ich noch lange da und winkte ihm nach, als er wieder ins Meer hinausschwamm. Ich begann, landeinwärts zu gehen. Jetzt galt es, einen Fluß zu finden und ihm aufwärts zu folgen. Wenn ich den weiten Heimweg nach den Bergen noch rechtzeitig schaffen wollte, ehe es wieder Winter wurde, dann mußte ich wohl in flottem Tempo marschieren...

Mehrere Tage lang ging ich so dahin. Es war herrliches Frühlingswetter, und der Schnee war geschmolzen. Büsche und Bäume hatten zarte Blätter, und die Pflanzen auf der Erde schimmerten schon grün.

Schließlich kam ich an einen großen See, der von Schilf und Büschen umgeben war. Überall sangen und zwitscherten fröhliche Vögel. Es war ein richtiger Vogelsee, wo eine Menge Vögel auf ihrem Flug halt machten und sich auf ihrem Weg nach Norden ausruhten. Ich ging herum und begrüßte alle.

Eine Reiherente flog über mich hin und rief mir zu, daß sie weiter nach den Seen im Moorland fliegen wolle.

«Pyh, hy, hy! Ich bin ein Brachvogel», sagte ein kleiner Vogel mit langen Beinen und sonderbarem Schnabel, «ich sehne mich nach den Bergen. Aber ich muß warten, bis es dort oben Frühling wird.»

«Arrk, arrk, wer sehnt sich nicht nach den Bergen! Wir Schwarzhalstaucher – ja auch die Rothalstaucher – wir wohnen gern in den Bergen. Im Winter sind wir unten am Meer, um im offenen Wasser fischen zu können.»

«Hi di di di, ich bin wohl viel zu früh gekommen», sagte ein kleiner Wasserläufer. Er sprang hin und her und wippte mit dem Schwanz. «Hi di di di, ich bin im Winter unten in Afrika gewesen. Jetzt will ich zu einem kleinen, steinigen Bergsee hinauf, aber ich muß hier wohl noch eine Zeitlang warten.»

Alle Vögel sangen und waren fröhlich, und alle waren eifrig darauf bedacht, weiterzufliegen.

Aber die Nächte waren kalt und das Wetter unsicher. Die Vögel fühlten, daß der Frühling noch nicht bis in die Berge gelangt war.

Da geschah eines Tages etwas, auf das ich nicht zu hoffen gewagt hatte. Die Kraniche kamen!
Ihre frohen Trompetentöne hörte man schon von weitem, sie klangen herrlich gegen den blauen Himmel. Abends waren viele Kraniche am See, um sich auszuruhen.
«Oh, plupp, plupp, ist es möglich? Bist du es wirklich, mein alter Freund Guorga?»
«Kru, kru, ja wahrhaftig, ich bin es! Aber was in aller Welt tust du hier, Plupp? Ich dachte, du erwartetest mich oben in deiner Hütte am Blauwasser mit einer Frühlingssuppe.»
«Oh ja, plupp, plupp, wenn du wüßtest, wie sehr ich mir wünsche, jetzt dort zu sein! Oh, bester Guorga, wenn ich doch mit dir reisen könnte! Bist du stark genug, mich den ganzen weiten Weg zu tragen? Ich verspreche dir auch, daß ich dir meine allerbeste Frühlingssuppe vorsetzen werde...»
«Kru, kru, o ja, das wird schon gehen. Ich will mich nur erst etwas ausruhen.»
Am nächsten Morgen kroch ich auf Guorgas Rücken und band mich mit meinem Halstuch an seinem langen Hals fest. Dann flogen wir.
Wir flogen wochenlang. Nachts schliefen wir, und bisweilen rasteten wir, um zu essen. Aber meistens flogen wir. Ich sah den Fluß, der sich wie ein silbernes Band unter mir schlängelte. Ich sah Wälder und Seen und Wasserfälle. Und schließlich, eines Tages, sah ich blaue Berge mit schimmernden weißen Schneeflecken unter dem hohen, klaren Himmel. Oh, wie schön ich sie fand, meine Berge!

Unsere Flugreise folgte dem Frühling, Eis und Schnee schmolzen. Kleine Blumen guckten aus dem nassen Schnee hervor. Die Wasserfälle dröhnten, und die Frühlingswinde kamen angetanzt.
Endlich flogen wir über Blauwasser hin!
Und dort auf einer Landzunge lag meine kleine Hütte! Ich konnte kaum glauben, daß es wahr war und nicht nur ein Traum...
Der Kranich trompetete eine klingende Fanfare, und ich schwenkte meine Mütze und rief:
«Plupp, plupp, hurra! Plupp, plupp, hurra!»
Wir landeten mitten vor der Hütte. Und dort stand das Hermelin.
«Tjitt, titt, nein, so etwas. Sieh nur! Ist das nicht Plupp? Willkommen zu Hause! Es wurde auch Zeit...»
«Plupp, plupp, hej, Hermelin! Guorga half mir, drum komme ich so früh nach Hause. Sonst wäre ich frühestens zum Winter hier gewesen... Nein, sieh da, der Lemming! Hej!»
«Esche-tesche, da bist du ja, Plupp! Daß du wieder nach Hause gekommen bist! Esche-tesche, vielleicht bist du nie ans Meer gelangt. Vielleicht hat dich das rinnende Wasser nur gefoppt...»
«Oh, doch, freilich gab es das Meer, und natürlich bin ich dorthin gelangt! Schlimmer war es, wieder fortzukommen. Wartet nur, dann werde ich euch erzählen. Aber zuerst wollen wir ein Fest feiern. Es ist schön, wieder zu Hause zu sein – das muß gefeiert werden!»
Ich stellte mich auf einen Stein vor meine Hütte und rief meinen versammelten Freunden zu:
«Plupp, plupp, ich habe es getan! Ich bin den weiten, weiten Weg zum Meer gereist! Und ich bin wieder heimgekehrt, Preis und Dank!
Jetzt soll Guorga seine Frühlingssuppe bekommen! Alle sollen Frühlingssuppe bekommen! Ich werde all meine Vorräte in der Hütte verbrauchen,

ich will gefrorene Krähenbeeren auf den eisfreien Stellen pflücken und noch mehr Suppe kochen. Bester Guorga, trompete, damit es all meine Freunde hören. Trompete, daß Plupp alle zum Fest einlädt!

Es gibt so viele, die mitfeiern sollen: Alle meine neuen Freunde, die ich auf der Reise gewann! Alle alten Freunde, die ich hier in den Bergen habe! Du, Guorga, der du mich nach Haus gebracht hast! Meine eigene Kate, meine schöne Hütte! Die Berge rundum! Und der Frühling, der eben gekommen ist! – Oh, was für ein Riesenfest!»

«Tjitt, titt, ich laufe herum und sage es allen! Der Lemming kann dir beim Tischdecken helfen», sagte das Hermelin.

Es kamen viele Gäste zu meinem Fest. Eigentlich hatte ich ihnen nicht allzuviel anzubieten, aber das machte nichts. Ich hatte um so mehr zu erzählen. Und alle wollten es hören. «Kvittivitt», zwitscherte die Schneeammer. «Siehst du, daß ich recht hatte, Plupp? Man soll nur nicht aufgeben...»

«Uhu, oho, no, no. Das war wirklich tüchtig von dir, Plupp, daß du so weit gekommen bist. Hast du all meine Verwandten unten in den Wäldern von mir gegrüßt?» fragte die Schnee-Eule und rückte näher an die Suppe.

«Hops, hops», sagte der Hase, der angehoppelt kam. «Ich werde eine richtige Hoppelreise am Bach entlang machen. Vielleicht komme ich dann auch zum Meer...»

«Okock, kock, kock, am besten ist es doch in den Bergen», sagte das Schneehuhn. «Es ist dumm, sie zu verlassen. Es ist wirklich sehr viel schöner, wenn Plupp zuhause in seiner Hütte ist und uns zur Suppe einlädt. Ich finde, er soll sich nicht auf weite Reisen begeben.» Es pickte Samenkörner aus einer Schale.

«Esche-tesche, seid jetzt still! Laßt Plupp erzählen! Esche-tesche, lieber Plupp, erzähle: Wohin fließt das rinnende Wasser?»

Mehrere Tage lang währte mein Fest. Alles war aufgegessen. Aber keiner wurde es müde, meiner Erzählung zu lauschen. Alle wollten noch mehr von Kraftwerken und Sägewerken, von der Stadt und der Insel im Meer und den Eisschollen hören. Von dem Uhu und dem großen Elch, von dem Otter und dem kleinen Sperling und der Lachmöwe und dem Seehund Plums ... Schließlich war ich so müde, daß ich ins Bett fiel ...
«Plupp, plupp, habt Dank, ihr Lieben, für euren Besuch und für euer Zuhören! Jetzt muß ich etwas schlafen! Kommt ein anderes Mal wieder, dann werde ich euch mehr von Berg und Wald und Meer und von all meinen Freunden erzählen! Das verspreche ich euch! Hej, gute Nacht, gute Nacht! Plupp, plupp ...»